おはなしドリル　かがくのおはなし　小学1年

1 どうぶつ

ネコの 目《め》は なぜ かたちが かわるの？

ネコも 人間《にんげん》と おなじように、目《め》に 入《はい》って くる ひかりで ものを 見《み》て います。どちらも、目《め》の まん中《なか》には 「ひとみ」と いう あなが あります。まわりの あかるさに よって、ひとみを ひらいたり とじたり して、目《め》に 入《はい》って くる ひかりを、ちょうど よい りょうに して います。

まわりが あかるい ときには ひとみを 小《ちい》さく ひらき、まわりが くらい ときには 大《おお》きく ひらいて います。人間《にんげん》と ネコの 目《め》の ちがいは、この ひとみの かたちです。

人間《にんげん》の ひとみは、大《おお》きく なっても 小《ちい》さく なっても 円《まる》いままです。ネコの ひとみは、と

読《よ》んだ日《ひ》　月《がつ》　日《にち》

❶ ものを 見《み》る ためには、なにが ひつようですか。三《さん》字《じ》で かきましょう。

❷ 「どちらも」とは、なにを さして いますか。一《ひと》つに ○を つけましょう。

ア ネコと 人間《にんげん》。
イ 目《め》と ひかり。
ウ 目《め》と ひとみ。
エ あかるさと くらさ。

じた　ときは　たてに　ほそながく、ひらいた　ときは　円《まる》く　なるように　なって　います。この　ほうが　より　すばやく　かえられて、より　大《おお》きく　ひらく　ことが　できるのです。だから、ネコは　目《め》の　かたちが　かわって　見《み》えるのです。また、ネコの　気《き》もちに　よっても　かわります。えものを　ねらう　ときは　ほそながく　とじ、おどろいたり　おこったり　した　ときには、大《おお》きく　円《まる》く　なります。

⇨ほそながい　ひとみ。

⇨ふつうの　ひとみ。

⇨大《おお》きい　ひとみ。

❸ ひとみを　大《おお》きく　ひらく　のは、どんな　ときですか。（　）に　あう　ことばを　かきましょう。

・まわりが（　　　　）とき。

❹ ネコの　ひとみは、とじた　とき、どんな　かたちに　なりますか。一《ひと》つに　○を　つけましょう。

ア　小《ちい》さい　円《えん》の　かたち。

イ　たてに　ほそながい　かたち。

ウ　よこに　ほそながい　かたち。

2 どうぶつ

アリの すは なぜ 土《つち》の 中《なか》に あるの？

アリは、一《いっ》ぴきでは なく、おおぜいの なかまと いっしょに くらして います。そのために、大《おお》きな すが ひつようと なります。大《おお》きな すを つくれる ばしょが、土《つち》の 中《なか》なのです。土《つち》の 中《なか》なら、てきが 入《はい》って くるのを ふせぐ ことも できます。また、雨《あめ》が ふっても、入《い》り口《ぐち》の ずっと おくに ひなんすれば、ぬれる ことも ありません。

じめんの 上《うえ》では、なつは あつく、ふゆは さむいなど、きせつに よって、気《き》おんが 大《おお》きく ちがいます。ところが、土《つち》の 中《なか》は、一年中《いちねんじゅう》 ほとんど おなじくらいの おんどに たもたれて います。とくに すが ふかい ところに

読《よ》んだ日《ひ》　月《がつ》　日《にち》

❶ アリが 大《おお》きな すを ひつようと する りゆうが かいて ある 文《ぶん》は、どれですか。はじめの 三字《さんじ》を かきましょう。

❷ アリの すが 土《つち》の 中《なか》に ある ことで、雨《あめ》に ぬれない ほか、なにを ふせげるのですか。二字《にじ》で かきましょう。

あるほど　あたたかさは　かわらないので、アリのすは　とても　ふかい　ところにまで　つくられて　います。

土《つち》の　中《なか》に　いれば、なつの　あつさや　ふゆの　さむさを　気《き》に　する　ひつようが　ありません。土《つち》の　中《なか》は、アリたちに　とって、とても　すごしやすい　ばしょなのです。

⇧土《つち》の　中《なか》の　アリの　す。

❸ きせつに　よって　気《き》おんが　大《おお》きく　ちがうのは、どこですか。どちらかに　○を　つけましょう。

ア　じめんの　上《うえ》。

イ　土《つち》の　中《なか》。

❹ 一年《いちねん》を　とおして、おんどが　いちばん　かわらないのは　どこですか。一《ひと》つに　○を　つけましょう。

ア　じめんの　上《うえ》。

イ　土《つち》の　すぐ　下《した》。

ウ　土《つち》の　中《なか》の　ふかい　ところ。

3 どうぶつ

イヌは どうして はなが いいの？

イヌは、とても はなが よい どうぶつです。においを かぐ 力《ちから》は、わたしたち 人間《にんげん》より はるかに すぐれて います。

人間《にんげん》の はなは かわいて いますが、イヌの はなは しめって います。しめった ところに においの つぶが くっつく ことに よって、においを かんじる ことが できます。人間《にんげん》も、はなの あなの おくは しめって いますよ。

イヌの はなは、しめった ところが そとに 出《で》て いるような ものなので、においの つぶが つきやすいのです。だから、わたしたちには わからない ような よわい においも かんじと

読《よ》んだ日《ひ》　月《がつ》　日《にち》

❶ イヌと 人間《にんげん》では、どちらの ほうが はなが よいですか。

（　　　　）

❷ においは どのように かんじますか。（　）に あう ことばを かきましょう。

・はなの （　　　　） ところに、においの （　　　　） が くっつく ことで かんじる。

れます。また、いろいろな　においが　まじって
いても、ある　一《ひと》つの　においを　かぎわける
ことも　できます。

　このように　イヌは　はなが　とても　よいので、くんれんを　かさねて、けいさつ犬《けん》と　して
はん人《にん》を　さがしたり、きゅうじょ犬《けん》と　して
人《ひと》を　たすけたり　して、やくに　立《た》って　いるのです。

❸ 人間《にんげん》の　はなの　おくは、かわいて　いますか。それとも、しめって　いますか。

・（　　　　）いる。

❹ けいさつ犬《けん》や　きゅうじょ犬《けん》とは、どのような　イヌですか。（　）に　あう　ことばを　かきましょう。

・（　　　　）を　かさね、（　　　　）の　よさで　人《ひと》の　やくに　立《た》って　いる　イヌ。

4
どうぶつ

ゾウの はなは どうして ながいの？

ゾウの、あの ながい はなには、ほねが ありません。はなは きんにくで できて いて、じゆうに うごかす ことが できます。からだの 大《おお》きな ゾウに とっては、立《た》ったままで いろいろな ことが できる ながい はなが、とても べんりなのです。大《おお》きな ゾウが しょっちゅう かがむのは、たいへんな ことですよね。

ゾウの はなは、つぎのような ことが できます。じめんに 生《は》えて いる くさも、たかい 木《き》の はっぱも、上手《じょうず》に むしりとります。はなの 先《さき》は すこし 出《で》っぱって いて、小《ちい》さな まめを きように 一《ひと》つぶだけ つまむ こと

読《よ》んだ日《ひ》　　月《がつ》　　日《にち》

❶ ゾウの はなは なにで できて いますか。

（　　　　　　）

❷ ゾウが 立《た》ったままで いろいろな ことが できるのは、なぜですか。一《ひと》つに ○を つけましょう。

ア きような ながい はなが あるから。
イ ながい はなに ほねが あるから。
ウ はなから たべものを すいこめるから。

や、とうふを　くずさずに　つかむ　ことも　できます。はなで　もった　たべものは、口《くち》に　はこんで　たべます。水《みず》は、はなで　すい上《あ》げ、やはり　口《くち》に　はこんで　のみます。

❸ ゾウの　はなの　先《さき》は、どう　なって　いますか。（　）に　あう　ことばを　かきましょう。

・すこし（　　　　）いる。

❹ ゾウは、どう　やって　たべものを　たべますか。（　）に　あう　ことばを　かきましょう。

・（　　　　）で　たべものを　もち、（　　　　）に　はこんで　たべる。

5
どうぶつ

ダンゴムシは どうして まるく なるの？

ダンゴムシを　見《み》た　ことが　ありますか。ダンゴムシは、こうえんの　石《いし》の　下《した》などの、しめった　ばしょに　います。ダンゴムシに　やさしく　さわって　みると、からだを　まるめて、ボールのように　なります。どうして、ダンゴムシは　まるく　なるのでしょう。

　ダンゴムシの　からだには、七《なな》つの　ふしが　あります。せなかの　ほうの　そとがわは、カメの　こうらのように　とても　かたいのですが、うちがわの　おなかや　かおの　ぶぶんは、やわらかくて　よわいのです。その　ため、てきに　出会《であ》ったり、つよい　ひかりを　あびるなどの　しげきを　うけたり　すると、そとがわの　かた

❶ ダンゴムシは、どんな　ところに　いますか。（　）に　あう　ことばを　かきましょう。

・石《いし》の　（　　　　）などの、

（　　　　）ばしょ。

❷ ダンゴムシの　からだに　七《なな》つ　ある　ものは　なんですか。

（　　　　）

読《よ》んだ日《ひ》　　月《がつ》　　日《にち》

い　ぶぶんで　からだを　まもろうと　して、うちがわに　からだを　ちぢめます。そう　すると、やわらかい　かわが　うちがわに　ひっぱられ、からだぜんたいが　玉《たま》のように　まるく　なります。こう　する　ことで、そとがわの　かたい　こうらで　うちがわを　まもる　ことが　できるのです。

❸ ダンゴムシの　せなかの　ぶぶんの　かたさを、なにに　たとえて　いますか。（　）に　あう　ことばを　かきましょう。

・カメの（　　）。

❹ ダンゴムシが　まるく　なるのは、どんな　ときですか。（　）に　あう　ことばを　かきましょう。

・てきに　出会《であ》った　ときや、（　　）を　うけた　とき。

6
どうぶつ

ペンギンは　どうして　とべないの？

水《すい》ぞくかんや　どうぶつえんの　人気《にんき》もの、ペンギンは、水《みず》の　中《なか》を　およいだりも　しますが、とりの　なかまです。でも、空《そら》を　とぶ　ことは　できません。なぜでしょう。

大《おお》むかし、ペンギンの　そせんは、いまの　ペンギンのような　かたちでは　ありませんでした。とぶ　ことが　できる　大《おお》きな　つばさを　もって　いて、空《そら》を　とんで　いたのです。そして　いまの　ペンギンのように、うみにも　もぐって、さかななどを　とって　くらして　いました。ペンギンの　そせんが　やって　きた　なんきょくには、かれらを　たべようと　する　どうぶつは　いませんでした。それに、うみには　い

読《よ》んだ日《ひ》　　月《がつ》　　日《にち》

❶ ペンギンは、なにの　なかまですか。

（　　　　）

❷ 空《そら》を　とべるのは　どちらですか。どちらかに　○を　つけましょう。

ア　いまの　ペンギン。

イ　ペンギンの　そせん。

❸ ペンギンの　そせんは　どこに　やって　きましたか。

（　　　　）

つでも　かれらの　たべものが　ありました。
だから　ペンギンの　そせんは、てきから　にげたり、たべものを　さがしたり　する　ときに、空《そら》を　とぶ　ひつようは　なくなったのでしょう。ながい　じかんを　かけて、つばさは小《ちい》さく、からだは　大《おお》きく　なって、いまのような　すがたに　なりました。

⇧およいで　いる　フンボルトペンギン。

❹ ペンギンの　そせんは、うみに　もぐって　なにを　して　いたのですか。（　）に　あう　ことばを　かきましょう。

・（　　　）に　する　ための　（　　　）など　を　とって　いた。

❺ いまの　ペンギンは、ペンギンの　そせんより、なにが　小《ちい》さく　なりましたか。

（　　　）

ラッコは どう やって ねむるの？

ラッコは うみの 上《うえ》に うかんで くらす どうぶつです。

おなかの 上《うえ》に のせた 石《いし》で 貝《かい》を わろうと して いる ラッコの すがたを、テレビなどで 見《み》た 人《ひと》も いるでしょう。たべものを たべる ことの ほか、子《こ》どもを うむのも、子《こ》どもを そだてるのも、ラッコは ういたままで おこないます。

ねむる ときも、あおむけで ういたままの すがたです。どこかに ながされて しまわない ように、うみの そこや いわに しっかり くっついて いる コンブなどの かいそうを、じぶんの からだに まきつけて ねむります。

❶ ラッコは うみの どこに いますか。どちらかに ○を つけましょう。

ア うみの 上《うえ》。

イ うみの そこ。

❷ ラッコは ういたままで、たべる ことの ほか、なにを しますか。（ ）に あう ことばを かきましょう。

・（　　　）を うむ ことと、子《こ》どもを （　　　）こと。

読《よ》んだ日《ひ》　月《がつ》　日《にち》

それに、かいそうを　まいて　おくと　あたたかいのです。また、ラッコの　てきも　ちかよりにくいので、ラッコに　とって　あんぜんなのです。

❸ ラッコは　どのように　ねむりますか。（　）に　あうことばを　かきましょう。

・（　　　　）で、
ういたままで　ねむる。

❹ ラッコが　かいそうを　じぶんの　からだに　まきつけて　ねむる　りゆうは、いくつ　かいて　いますか。一《ひと》つに　◯を　つけましょう。

ア　一《ひと》つ
イ　二《ふた》つ
ウ　三《みっ》つ
エ　四《よっ》つ

8 どうぶつ

ラクダには どうして コブが あるの？

ラクダは、せなかに コブが ある どうぶつです。コブが 一《ひと》つ ある ラクダと、二《ふた》つ ある ラクダが います。ラクダの コブの 中《なか》には、なにが あるのでしょう。

ラクダの コブには、からだを うごかす ための エネルギーと なる 「しぼう」が、五十《ごじっ》キログラムほど たくわえられて います。さらに ラクダは、生《い》きて いくのに ひつような 水分《すいぶん》を、からだぜんたいに たくわえて おく ことが できます。

むかしから ラクダは、人《ひと》や にもつを はこぶ ために、さばくを たびする 人《ひと》たちに つかわれて きました。さばくでの たびの あい

❶ おもに なにに ついて かいた 文《ぶん》しょうですか。一《ひと》つに ○を つけましょう。

ア ラクダの コブは どこに あるかに ついて。

イ ラクダの コブの かずの ちがいに ついて。

ウ ラクダの コブの やくわりに ついて。

❷ ラクダの コブには なにが たくわえられて いますか。

（　　）

読《よ》んだ日《ひ》　月《がつ》　日《にち》

だは、たべものや　のみ水《みず》を　まったく　とれない　ことも　あります。そんな　ときでも、ラクダは、からだの　しぼうや　水分《すいぶん》を　すこしずつ　つかうので、一《いっ》しゅうかんほどなら　元気《げんき》で　いられます。

⇧ヒトコブラクダ

❸ しぼうとは、なんですか。（　）に　あう　ことばを　かきましょう。

・からだを　うごかす（　　　　）と　なる　もの。

❹ 「そんな　とき」とは、どんな　ときですか。（　）に　あう　ことばを　かきましょう。

・（　　　　）での　たびで、（　　　　）や　のみ水《みず》を　とれない　とき。

9
しょくぶつ

チューリップの きゅうこんの 中《なか》は どうなって いるの？

チューリップの きゅうこんに よく にた やさいが あります。それは、タマネギです。タマネギを たてに きって、ふだん たべる ところを 見《み》て みると、白《しろ》くて つやつやと した あつみの ある かけらが、なんまいも まるまって いるのが わかります。

チューリップの きゅうこんは、タマネギよりも 小《ちい》さい ものですが、タマネギと おなじように、白《しろ》い かけらが なんまいも かさなって います。この 白《しろ》い かけらには、めを 出《だ》す ときに つかう えいようが、たっぷり つまって いるのです。そして まん中《なか》には、みどりいろの はが つつのように おさまって いま

読《よ》んだ日《ひ》　月《がつ》　日《にち》

❶ チューリップの きゅうこんに よく にて いる やさいは なんですか。

（　　　　）

❷ チューリップの きゅうこんの まん中《なか》に ある ものは なんですか。一《ひと》つに ○を つけましょう。

ア 白《しろ》い かけら。

イ みどりいろの は。

ウ つつ

す。はを　ひらくと、花《はな》びらが　見《み》えます。
　チューリップは　あきに　きゅうこんを　うえ、ふゆを　土《つち》の　中《なか》で　すごします。はるになると、うえた　きゅうこんから　めが　出《で》て、花《はな》が　さきます。きゅうこんには、その　中《なか》に　そだって　いる　はや　花《はな》を、ふゆの　さむさから　まもる　やくわりが　あるのです。

⇧チューリップの　きゅうこんの　中《なか》。

❸ チューリップは、いつ　きゅうこんを　うえますか。

（　　　　）

❹ チューリップは、いつ　花《はな》が　さきますか。

（　　　　）

❺ チューリップの　きゅうこんは、中《なか》の　はや　花《はな》を、なにから　まもって　いるのですか。六字《ろくじ》で　かきましょう。

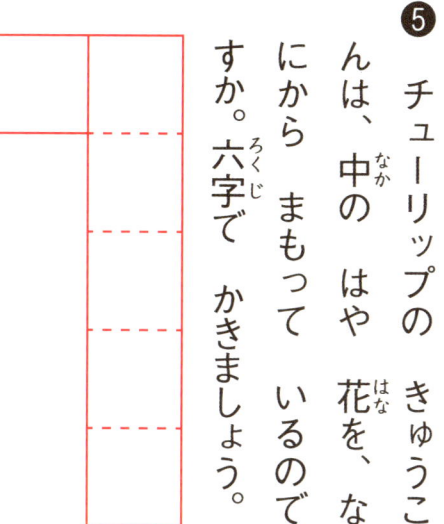

10 しょくぶつ

花《はな》は どうして さくの？

チューリップ、ヒマワリ、バラ、カーネーション。いろも かたちも 大《おお》きさも ちがう、さまざまな 花《はな》が ありますね。

しょくぶつに とって、花《はな》は どんな やくわりを もって いるのでしょう。じつは 花《はな》には、「たね」を つくって じぶんたちの しそんを のこすと いう、大切《たいせつ》な やくわりが あるのです。

花《はな》の 中《なか》には 「おしべ」と 「めしべ」が あり、おしべの 先《さき》には 花《か》ふんが できます。花《か》ふんが めしべの 先《さき》に つくと、みが なっ

読《よ》んだ日《ひ》　月《がつ》　日《にち》

❶ ヒマワリと バラの 花《はな》は、いろの ほかに なにが ちがいますか。二《ふた》つ かきましょう。

（　　）（　　）

❷ しそんを のこす ために、花《はな》が つくる ものは なんですか。

（　　）

て、たねが　できます。
しょくぶつは　じぶんでは　うごけません。花《か》ふんを　だれかに　はこんで　もらう　ひつようが　あります。そこで　しょくぶつは、目立《めだ》つ　いろの　花《はな》や　あまい　みつを　つかいます。さそわれて　やってきた　ミツバチや　チョウなどの　こん虫《ちゅう》や　とりが、からだに　花《か》ふんを　くっつけて、はこんで　くれるのです。

⇧あしに　花《か》ふんを　つけた　ミツバチ。

❸ 花《か》ふんは　どこに　できますか。どちらかに　○を　つけましょう。

ア　おしべの　先《さき》。

イ　めしべの　先《さき》。

❹ しょくぶつに　ついて、（　）に　あう　ことばを　かきましょう。

・目立《めだ》つ　いろの（　　）や　あまい（　　）で　こん虫《ちゅう》や（　　）を　さそい、花《か》ふんを　はこんで　もらう。

11 からだ

あせは どうして 出《で》るの？

あつい 日《ひ》や うんどうを した とき、また、かぜなどで ねつが ある とき、わたしたちは あせを かきます。いつもより、からだが あつく なって いるからです。からだが あついままだと びょう気《き》に なって しまうので、からだは しぜんに あせを 出《だ》します。あせの 水分《すいぶん》が じょうはつする とき、からだの ねつが うばわれて、たいおんが 下《さ》がるのです。

わたしたちは、あせを 出《だ》そうと おもって 出《だ》して いる わけでは ありません。また、出《で》て いる あせを じぶんで とめる ことも できません。すべて、からだが やって くれて いるのです。

読《よ》んだ日《ひ》　月《がつ》　日《にち》

❶ わたしたちが あせを かくのは、どんな 日《ひ》ですか。どちらかに ○を つけましょう。

ア あつい 日《ひ》。

イ さむい 日《ひ》。

❷ わたしたちが あせを かくのは なぜですか。（　）に あう ことばを かきましょう。

・（　　　　）が、いつもよりも あつく なって いるから。

あせには、しおも ふくまれて います。あせを たくさん かいた ときには、水分《すいぶん》と しおを とるように しましょう。

❸ あせの 水分《すいぶん》が じょうはつする とき、なにが 下《さ》がるのですか。

（　　　　）

❹ あせを かいた とき、水《すい》分《ぶん》と しおを とるのが よいのは なぜですか。（　）に あう ことばを かきましょう。

・あせを かくと、

（　　　　）から

水《みず》と （　　　　）が

出《で》て いくから。

12 からだ

なみだは なぜ 出《で》るの？

なみだは、ないた ときだけで なく、ほこりや すなが 目《め》に 入《はい》った ときにも 出《で》て きます。

目《め》の いちばん そとがわには とうめいな まくが あります。目《め》には ものを はっきり 見《み》ると いう 大切《たいせつ》な やくめが あるので、この まくは なめらかで なければ なりません。その ため、まぶたの うらがわからは いつも すこしずつ なみだの えきが 出《で》て、目《め》を しめらせて います。

ところが、ほこりや すなどが 目《め》に 入《はい》ると、目《め》の まくが ざらざらに なって しまいます。すると、その つぶを あらいながそうと

読《よ》んだ日《ひ》　月《がつ》　日《にち》

❶ 目《め》の 大切《たいせつ》な やくめとは なんですか。（　）に あう ことばを かきましょう。

・（　　　）を はっきり（　　　）こと。

❷ なみだの えきは どこから 出《で》て きますか。一《ひと》つに ○を つけましょう。

ア 目《め》の いちばん そとがわ。

イ 目《め》の まく。

ウ まぶたの うらがわ。

して、なみだが　たくさん　出《で》て　くるのです。
なくと　なみだが　出《で》る　りゆうは、じつは、よく　わかって　いません。からだには、こうふんした　気《き》もちを　しずめる　ための　しくみが　ありますが、どうやら　なみだは、この　しくみと　かんけいして　いるようです。からだが　かなしい　気《き》もちや　つらい　気《き》もちを　しずめようと　して、なきたく　なったり　なみだが　出《で》たり　する　らしいのです。

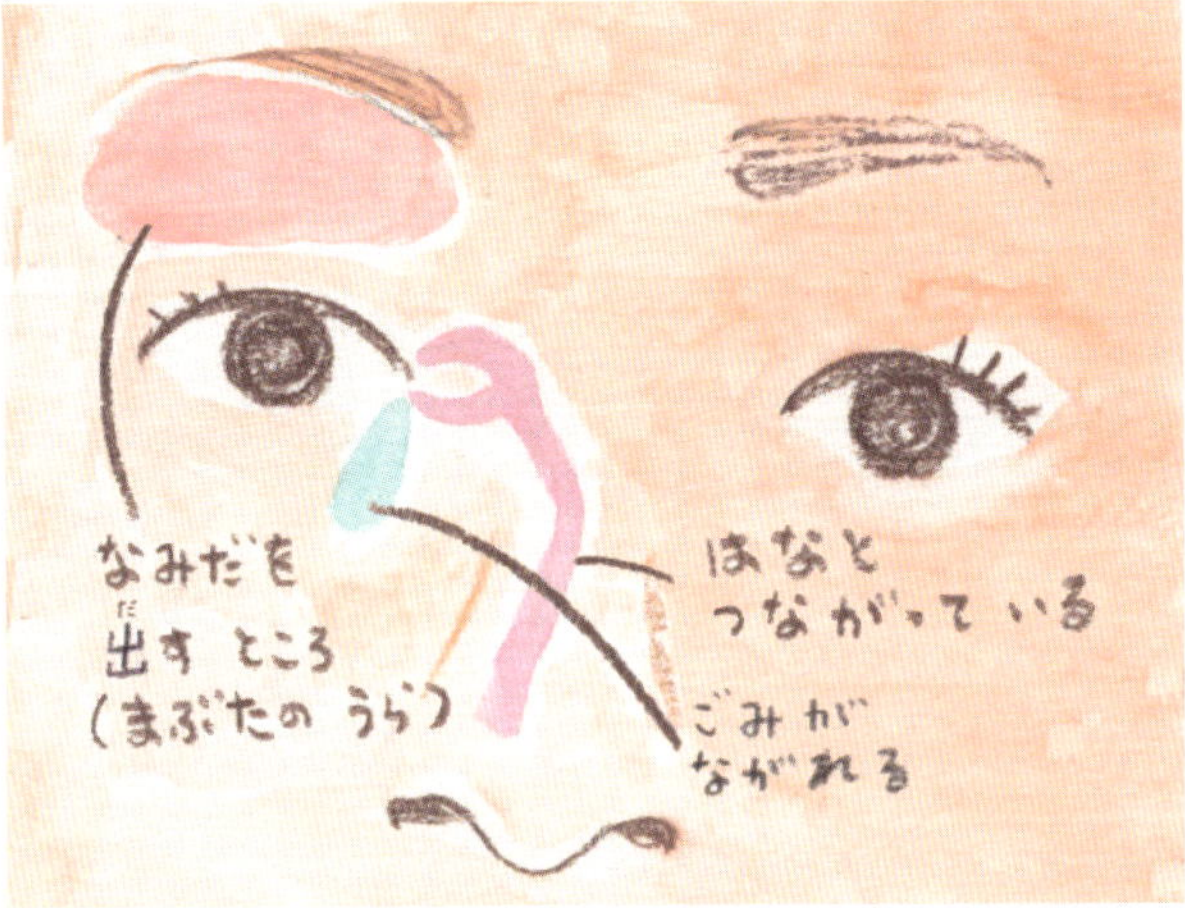

❸ ほこりなどが　目《め》に　入《はい》ると、なにが　たくさん　出《で》て　きますか。

（　　　　）

❹ なみだに　かんけいして　いると　かんがえられるのは、からだの　どんな　しくみですか。（　）に　あう　ことばを　かきましょう。

・（　　　　）した　気《き》もちを　しずめる　ための　しくみ。

13 からだ

音《おと》は　どうして　きこえるの？

音《おと》が　きこえるのは、どうしてでしょう。
音《おと》は、空気《くうき》や　水《みず》が　ふるえる　ことで　つたわります。だから、空気《くうき》が　ない　うちゅう空間《くうかん》では、音《おと》は　きこえません。
空気中《くうきちゅう》を　つたわって　きた　音《おと》は、耳《みみ》の　中《なか》に　ある　「こまく」を　ふるわせます。すると、わたしたちは　音《おと》を　かんじます。
糸《いと》でんわは、空気《くうき》の　かわりに　糸《いと》を　つかって　こえを　つたえます。すこし　はなれて　いても、小《ちい》さな　こえでも、糸《いと》でんわなら　きこえます。こえが　かみコップの　そこを　ふるわせ、ピンと　はった　糸《いと》を　つたわり、あいての　かみコップの　そこに　とどきます。その　ふる

❶ 空気《くうき》や　水《みず》が　ふるえる　ことで　つたわる　ものは、なんですか。

（　　　　）

❷ うちゅう空間《くうかん》で　音《おと》が　きこえないのは、なぜですか。（　）に　あう　ことばを　かきましょう。

・（　　　　）が　ないから。

読《よ》んだ日《ひ》　　月《がつ》　　日《にち》

えが　あいての耳《みみ》の　こまくに　つたわり、こえが　きこえるのです。糸《いと》を　たるませたり、とちゅうで　つまんだり　したら、ふるえが　つたわらなく　なるので、こえは　きこえません。

❸ 糸《いと》でんわだと、すこし　はなれて　いる　人《ひと》の　こえも　きこえるのは、なぜですか。（　）に　あう　ことばを　かきましょう。

・こえを　つたえる　ために

（　　　）を

つかって　いるから。

❹ 糸《いと》でんわでは、糸《いと》が　どう　なって　いると、こえが　つたわるのですか。一《ひと》つに　○を　つけましょう。

ア　たるんで　いる。

イ　人《ひと》が　つまんで　いる。

ウ　ピンと　はって　いる。

14 からだ

うめぼしを 見《み》ると なぜ つばが 出《で》るの？

うめぼしを たべる ことを そうぞうして みて ください。できましたか。口《くち》の 中《なか》に つばが わいて きたのでは ないでしょうか。

うめぼしや レモンなど、すっぱい ものを たべると、つばが たくさん 出《で》て きます。これは、からだの しぜんな はんのうです。うめぼしを なんどか たべた 人《ひと》は、うめぼしは すっぱいと いう ことを しっかりと おぼえます。そういう 人《ひと》が うめぼしを 見《み》たり、うめぼしの ことを かんがえたり すると、それだけで、つばが わいて きます。うめぼしは すっぱいと いう きおくで、からだが かってに つばを 出《だ》すからです。

読《よ》んだ日《ひ》　月《がつ》　日《にち》

❶ すっぱい ものの れいと して、うめぼしの ほかに あげられて いる ものは なんですか。

（　　　　）

❷ 「これ」とは、どんな ことですか。（　）に あう ことばを かきましょう。

・（　　　　）ものを たべて、（　　　　）が 出《で》る こと。

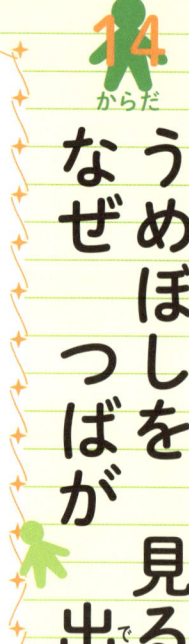

だから、うめぼしを　たべた　ことの　ない
人《ひと》は、うめぼしを　見《み》ても、つばが　口《くち》に　わい
ては　こないのです。

❸ 「そういう　人《ひと》」とは、ど
んな　人《ひと》ですか。一《ひと》つに　○
を　つけましょう。

ア　すっぱい　ものが　すき
な　人《ひと》。

イ　うめぼしの　すっぱさを
しって　いる　人《ひと》。

❹ 「からだが　かってに　つ
ばを　出《だ》す」と　おなじ　い
みの、（　）に　あう　こと
ばを　かきましょう。

・（　　　　）の
しぜんな
（　　　　）。

15
からだ

目《ひ》やけすると どうして はだの いろが かわるの？

たいようの ひかりは、いろいろな しゅるいの ひかりが まざって できて います。目《め》に 見《み》える ひかりを かしこうせんと いいます。ほかの しゅるいの ひかりは 目《め》に 見《み》えません。

ながい じかん、うでや あしなどに 日光《にっこう》が ちょくせつ あたると、ひふが 赤《あか》く なって ひりひりして きます。ひどい ときには 水《みず》ぶくれに なったり かわが むけたり します。これは、しがいせんと いう、目《め》に 見《み》えない ひかりの はたらきです。しがいせんは つよい ひかりなので、このように わたしたちの からだを きずつける ことが あります。

赤《あか》く ふくれた ひふは、何日《なんにち》か すると

読《よ》んだ日《ひ》　月《がつ》　日《にち》

❶ たいようの ひかりの うち、目《め》に 見《み》える ひかりを なんと いいますか。

（　　　）

❷ ひふを 赤《あか》く するのは、たいようから 出《で》る なんと いう ひかりの はたらきですか。

（　　　）

ちゃいろに　かわって　きます。これは　ひふの中《なか》に、メラニンと　いう、しがいせんを　すいとる　いろの　もとが　できたからです。しがいせんを　たくさん　あびると、ひふは　メラニンをつくって、しがいせんの　つよい　はたらきから、からだを　まもろうと　するのです。

いろの　くろい　人《ひと》の　はだには、メラニンがたくさん　あり、つよい　しがいせんから　はだを　まもって　います。いろの　白《しろ》い　人《ひと》は　メラニンが　すくないので、つよい　日《ひ》ざしを　ながく　あびるのは　きけんです。

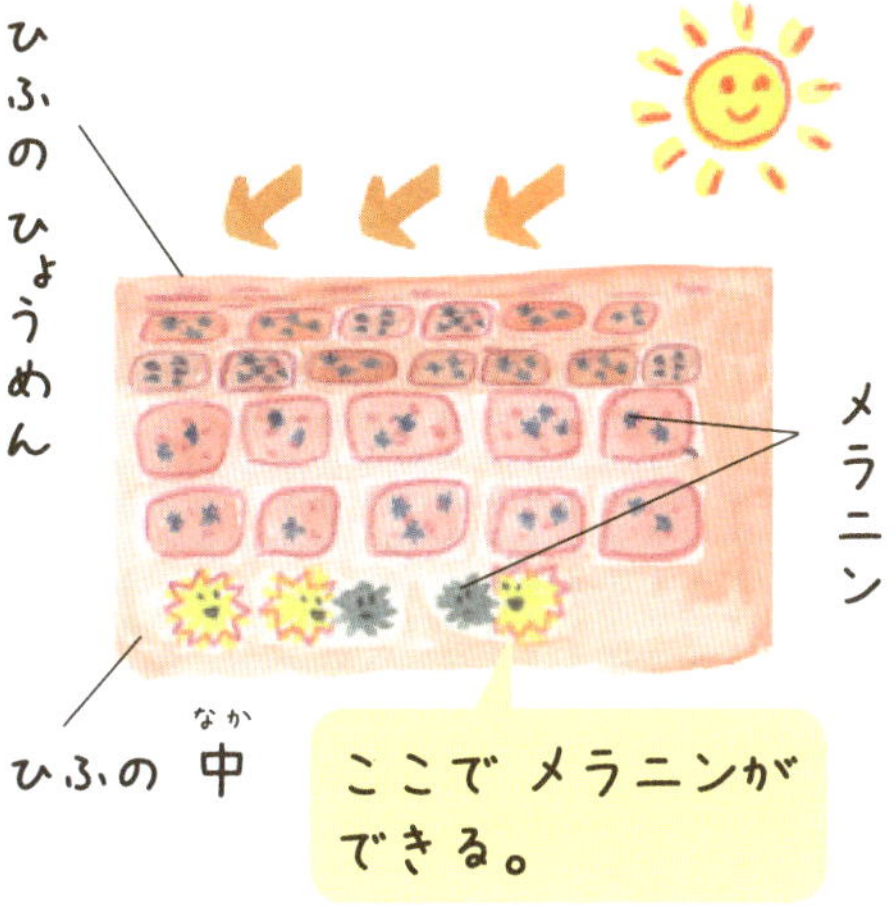

3　赤《あか》く　ふくれた　ひふが　ちゃいろに　かわって　くるのは、ひふの　中《なか》に　なにが　できたからですか。四字《よじ》で　かきましょう。

4　はだに　メラニンが　より　たくさん　あるのは、どちらの　人《ひと》ですか。どちらかに　○を　つけましょう。

ア　いろの　くろい　人《ひと》。
イ　いろの　白《しろ》い　人《ひと》。

16 からだ

赤《あか》ちゃんは おなかの 中《なか》で なにを して いるの？

おかあさんの おなかの 中《なか》の 赤《あか》ちゃんは、さいしょから 人間《にんげん》の かたちを して いるわけでは ありません。はじめは、見《み》えないくらい 小《ちい》さな たまごです。それから だんだん大《おお》きく なって、三《さん》か月《げつ》ほどで 赤《あか》ちゃんの すがたに ちかづきます。その あと、六《ろっ》か月《げつ》ぐらい して 生《う》まれて きます。

おなかの 中《なか》の 赤《あか》ちゃんは、「へそのお」でおかあさんと つながって、羊水《ようすい》と いう 水《みず》のような ものの 中《なか》に ういて います。生《い》きるのに ひつような えいようや さんそは、へそのおで おかあさんから もらいます。ねむって いる ときと おきて いる ときが あり、か

読《よ》んだ日《ひ》　月《がつ》　日《にち》

❶ おなかの 中《なか》の 赤《あか》ちゃんは、はじめは なんですか。

・見《み》えないほど 小《ちい》さな

（　　　　）。

❷ 「その あと」とは、なんの あとですか。一《ひと》つに ○を つけましょう。

ア 見《み》えないくらい 小《ちい》さく なった あと。

イ 赤《あか》ちゃんの すがたに ちかづいた あと。

ウ 生《う》まれた あと。

らだも　うごかします。ゆびを　しゃぶったり、羊水《ようすい》を　のみこんだり　するのは、おかあさんの　おちちを　のむ　れんしゅうだと　かんがえられて　います。人《ひと》の　こえや　音《おと》も、赤《あか》ちゃんには　きこえて　います。赤《あか》ちゃんは　おなかの　中《なか》で、いろいろな　よういを　して　生《う》まれて　くるのですね。

❸ おなかの　中《なか》の　赤《あか》ちゃんに　ついて、（　）に　あう　ことばを　かきましょう。

・おかあさんとは　（　　　）で　つながり、羊水《ようすい》の　中《なか》に　（　　　）いる。

❹ おなかの　中《なか》の　赤《あか》ちゃんが　ゆびを　しゃぶるのは、なにを　のむ　れんしゅうの　ためですか。どちらかに　○を　つけましょう。

ア　羊水《ようすい》

イ　おちち

17 みぢかな ふしぎ

かがみに ものが うつるのは どうして？

目《め》の まえの かべに、赤《あか》い かみを はって みましょう。ふつうの かみは こまかく 見《み》ると ひょうめんが ざらざらして いるので、この かみは あちこちに 赤《あか》い ひかりを はねかえして います。その 赤《あか》い ひかりが わたしたちの 目《め》に とどく ことに よって、目《め》の まえの かべに 赤《あか》い かみが ある ことが わかるのです。

では、赤《あか》い かみの かわりに、かがみを おいて みると どうでしょう。かがみは、ぴかぴかした ぎんいろの まくに、つるつるの ガラスが かさなって できて います。このような かがみに ひかりが あたると、きまった いろ

読《よ》んだ日《ひ》　月《がつ》　日《にち》

❶ ふつうの かみは、ひょうめんが どう なって いますか。（　）に あう ことばを かきましょう。

・（　　　）して いる。

❷ ふつうの かみに あたった ひかりは、どう なりますか。（　）に あう ことばを かきましょう。

・（　　　）に はねかえる。

だけで　なく、かがみの　まえに　ある　けしきの　ひかりが　ぜんぶ　かがみに　あたって、はねかえります。その　ひかりは、きた　ほうとは　はんたいがわに　そっくり　出《で》て　いきます。すると、わたしたちには　かがみの　まえに　ある　けしきが　まるで　かがみの　むこうがわに　あるように　見《み》える　のです。これが　かがみに　ものが　うつる　しくみです。

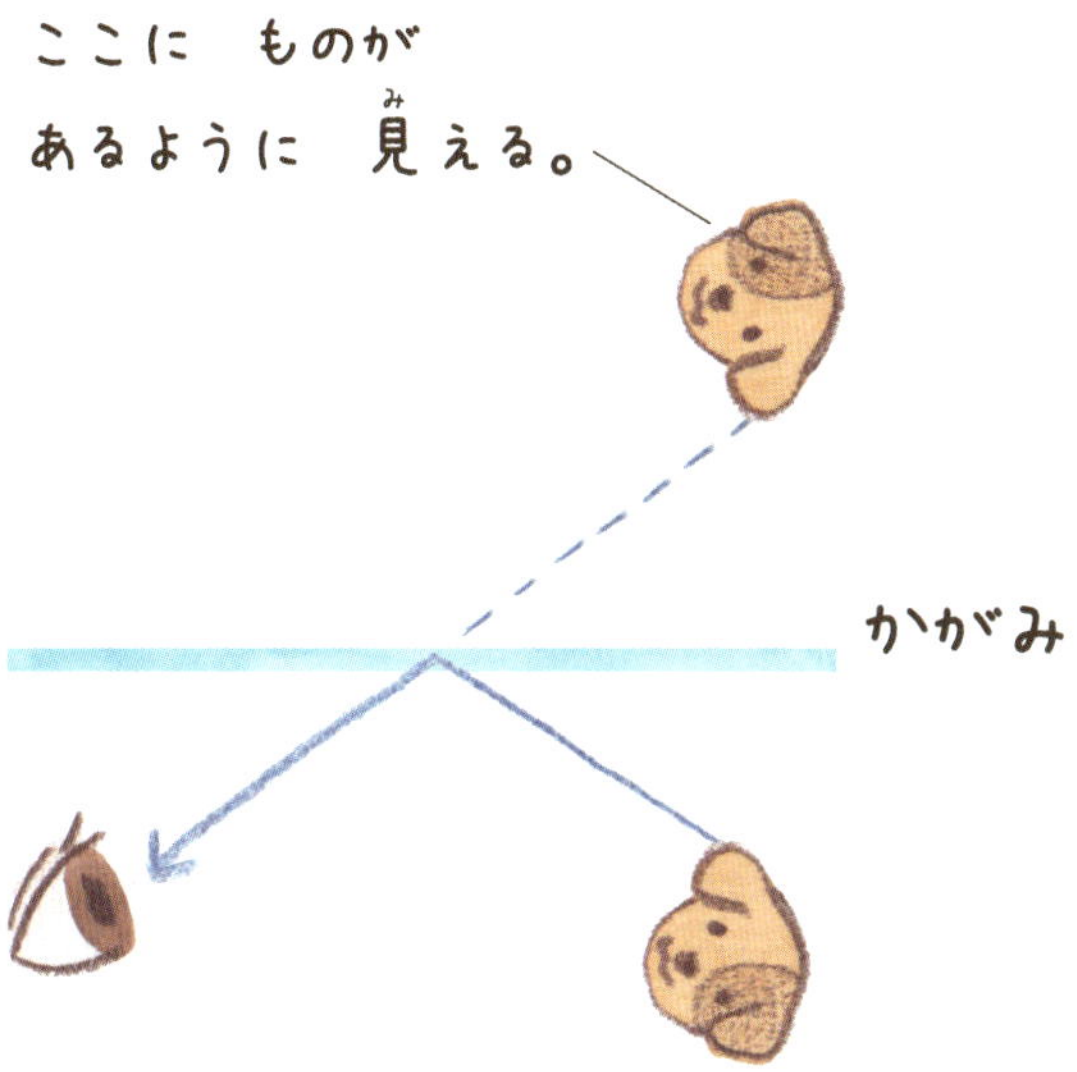

❸ かがみは、なにに　なにが　かさなって　できて　いますか。（　）に　あう　ことばを　かきましょう。

・ぎんいろの（　　）に

つるつるの（　　）

が　かさなって　いる。

❹ かがみに　あたった　ひかりは、どの　ほうこうに　出《で》て　いきますか。どちらかに　○を　つけましょう。

ア　ばらばらの　ほうこう。

イ　きた　ほうこうと　はんたいの　ほうこう。

18 みぢかな ふしぎ

サイダーや コーラの あわは なに？

サイダーや コーラなど、あわが 出《で》る のみものを 「たんさんいんりょう」と いいます。すきな 人《ひと》も、あわの しげきが にがてな 人《ひと》も いるでしょう。あの あわは 「たんさんガス」と いう ガスです。「にさんかたんそ」とも いいます。大人《おとな》が のむ ビールなどにも、この ガスが 入《はい》って いますよ。

入《い》れものの 中《なか》の たんさんいんりょうには、その ガスが ぎゅっと おしちぢめられ、とけて 入《はい》って います。入《い》れものの ふたを あけると、プシュッと いう 音《おと》が して、中《なか》みが すこし 出《で》て くる ことも ありますね。コップに そそぐと、とけて いた ガスが

読《よ》んだ日《ひ》　月《がつ》　日《にち》

❶ たんさんいんりょうとは なんですか。（　）に あう ことばを かきましょう。

・（　　　）が 出《で》る、サイダーや コーラなどの （　　　）。

❷ たんさんいんりょうに 入《はい》って いる たんさんガスの、べつの 名前《なまえ》を かきましょう。

（　　　）

あわに なって 出《で》て きます。しばらく する
と ガスは 出《で》て いくので、のんだ ときの
しげきが なくなって しまいます。

⇨コップに そそがれた サイダー。

❸ たんさんいんりょうの
中《なか》に、ガスは どんな ふう
に 入《はい》って いますか。一《ひと》つ
に ○を つけましょう。

ア ういて いる。
イ とけて いる。
ウ かたまって いる。

❹ コップに そそいだ たん
さんいんりょうは、しばらく
すると どう なりますか。
（ ）に あう ことばを
かきましょう。

・ガスが 出《で》て いって、
（　　　　）が
なくなる。

19
みぢかな
ふしぎ

なっとうは なにで できて いるの？

なっとうは すきですか。かきまぜると ねばねば するし、かわった においが するし、だから にがて、と いう 人《ひと》も いるでしょう。でも、なっとうは すごい たべものなんですよ。

むかし、にた だいずを わらに つめて おいたら、ぐうぜん なっとうが できたそうです。わらの 中《なか》に すむ 「なっとうきん」と いう 小《ちい》さな 生《い》きものの おかげです。にた だいずに なっとうきんが つき、あたためられると、なっとうきんが どんどん ふえ、だいたい 一日《いちにち》で、だいずは なっとうに かわります。ねばねばや においの もとも、この ときに つくられます。なっとうを おおう 白《しろ》い

読《よ》んだ日《ひ》　月《がつ》　日《にち》

❶ かきまぜると ねばねば するのは なっとうですか、それとも だいずですか。

（　　　）

❷ ぐうぜん なっとうに なったのは、なんですか。（　）に あう ことばを かきましょう。

・（　　　）に つめて おいた、（　　　）だいず。

まくに、たくさんの　なっとうきんが　いますよ。
きんの　力《ちから》に　よって、たべものが　べつの　たべものに　かわる　ことを、「はっこう」と　いいます。つまり、なっとうは　だいずを　はっこうさせた　たべものなのです。なっとうには、だいずには　なかった、あたらしい　えいようが　くわわって　います。

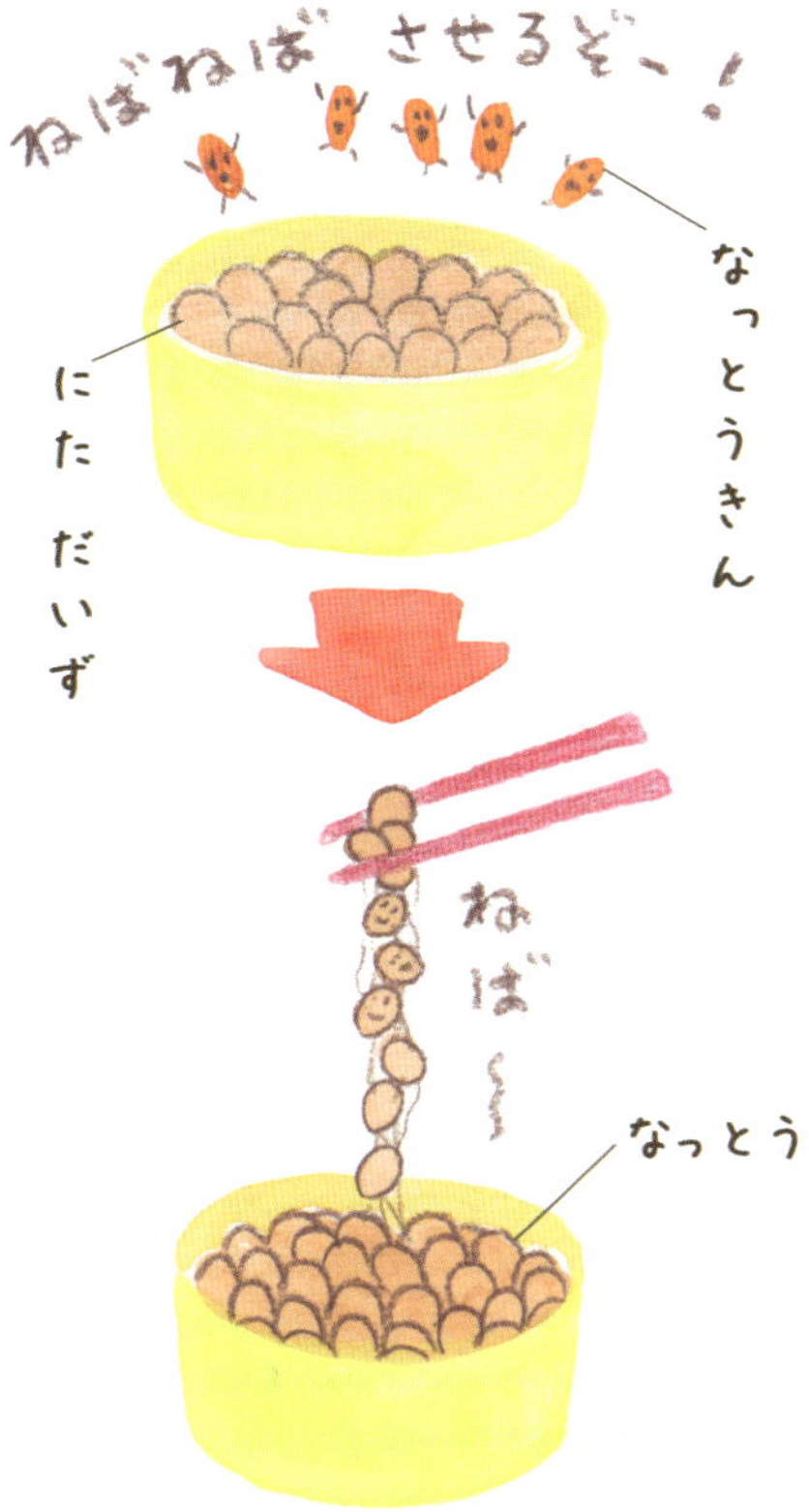

❸ にた　だいずに　なっとうきんが　つき、あたためられると、なにが　ふえるのですか。一《ひと》つに　○を　つけましょう。

ア　だいず
イ　なっとう
ウ　なっとうきん

❹ だいずを　はっこうさせた　ことに　よって、なっとうには　なにが　くわわったのですか。（　）に　あう　ことばを　かきましょう。

・あたらしい
（　　　　）。

20
みぢかな ふしぎ

ヨーグルトは どう やって できるの？

　ヨーグルトは すきですか。ヨーグルトは、ぎゅうにゅうから できる 「はっこうしょくひん」と いう たべものです。

　ぎゅうにゅうには、「にゅうとう」と いう ものが 入《はい》って います。ぎゅうにゅうに 「にゅうさんきん」と いう とても 小《ちい》さな 生《い》きものを 入《い》れると、にゅうとうが 「にゅうさん」に かわり、ヨーグルトが できます。

　きんの はたらきで、ある たべものが べつの たべものに かわる ことを 「はっこう」と いいます。ぎゅうにゅうが はっこうして、すこし すっぱい ヨーグルトに なったのです。チーズも、ぎゅうにゅうが はっこうして

❶ ヨーグルトは、なにから できる たべものですか。

（　　　　）

❷ にゅうさんきんとは なんですか。十字《じゅうじ》で かきましょう。

❸ にゅうとうは、なにの 中《なか》に 入《はい》って いますか。

読《よ》んだ日《ひ》　月《がつ》　日《にち》

できた　たべものですよ。
ヨーグルトは、おなかの　ちょうしを　ととのえて　くれる　たべものでも　あります。これも、ヨーグルトの　中《なか》に　いる　きんの　おかげなのです。

❹ ぎゅうにゅうに　にゅうさんきんを　入《い》れると、にゅうとうは　なにに　かわりますか。

（　　　　）

❺ ぎゅうにゅうが　はっこうして　できる　たべものは、ヨーグルトの　ほかに　なにが　ありますか。

（　　　　）

水《みず》たまりは なぜ なくなるの？

読《よ》んだ日《ひ》 月《がつ》 日《にち》

雨《あめ》が ふった あと、ふだんは 水《みず》が ない ところに 水《みず》が たまって いる ことが あります。この 水《みず》たまりは、しばらく すると きえて しまいます。

水《みず》は おんどに よって、目《め》に 見《み》えない 水《すい》じょう気《き》に なったり、こおりに なって かたまったりと、その かたちを かえて いきます。おんどが 上《あ》がって 水《みず》が 水《すい》じょう気《き》に かわる ことを 「じょうはつ」と いいます。水《みず》は おんどが たかく なると どんどん じょうはつしやすく なります。

雨《あめ》が 上《あ》がって たいようが かおを 出《だ》すと、水《みず》たまりにも ひかりが あたって、水《みず》の

❶ 水《みず》たまりが できるのは、どんな ときですか。一《ひと》つに ○を つけましょう。

ア 雨《あめ》が ふった とき。

イ 水《みず》の おんどが 上《あ》がった とき。

ウ 水《みず》の おんどが 下《さ》がった とき。

❷ 水《みず》は、おんどが 上《あ》がると、水《すい》じょう気《き》と こおりの どちらに なりますか。

（　　　　）

おんどが　だんだん　上《あ》がって　いきます。それに　つれて、水《みず》たまりの　ひょうめんから　すこしずつ、水《みず》が　空気《くうき》の　中《なか》に　じょうはつして　いきます。また、じめんに　しみこんで　いた　たくさんの　水《みず》も、じかんが　たつと　もっと　ふかく　しみこんで　いくので、水《みず》たまりの　水《みず》も、さらに　じめんに　しみこみます。

こうして、いつのまにか、水《みず》たまりは　きえて　しまうのです。

❸「それ」は、なにを　さして　いますか。一《ひと》つに　○を　つけましょう。

ア　雨《あめ》が　上《あ》がった　こと。

イ　たいようが　かおを　出《だ》した　こと。

ウ　水《みず》の　おんどが　上《あ》がって　いく　こと。

❹　水《みず》たまりの　水《みず》は、じょうはつする　ほか、どう　なりますか。（　）に　あう　ことばを　かきましょう。

・（　　　　）に　しみこんで　いく。

22
しぜん

雨《あめ》は　どこから　ふるの？

水《すい》じょう気《き》と　いう　目《め》に　見《み》えない　ものになって、空《そら》に　のぼって　いくのは、水《みず》たまりの水《みず》だけでは　ありません。うみや　川《かわ》に　ある水《みず》も、たいようの　ねつで　あたためられると、空《そら》に　のぼって　いきます。空《そら》の　たかい　ところは、おんどが　ひくいので、水《すい》じょう気《き》は　ひやされて、水《みず》や　こおりの　つぶに　なります。それが　たくさん　あつまって、くもに　なるのです。

くもの　中《なか》の　水《みず》や　こおりの　つぶが、くっついて　大《おお》きく　なると、おもく　なって、こんどは　下《した》に　おちて　きます。地上《ちじょう》の　ちかくまで　おちて　くると、こおりの　つぶは、地上《ちじょう》の

読《よ》んだ日《ひ》　月《がつ》　日《にち》

❶ うみや　川《かわ》に　ある　水《みず》を　あたためる　ものは、なんですか。七字《ななじ》で　かきましょう。

❷ 空《そら》の　たかい　ところの　ようすに　ついて、（　）に　あう　ことばを　かきましょう。

・（　　　）が　ひくい。

ねつで　とけて、水《みず》に　なります。それが　雨《あめ》に　なるのです。また、つぶが　とけないままで　おちて　くると、ゆきに　なります。

　このように、水《みず》は　かたちを　かえながら、地《ち》上《じょう》と　空《そら》の　あいだを　いききして　いるのですね。

❸ くもは、なにが　あつまって　できた　ものですか。（　）に　あう　ことばを　かきましょう。

・ひやされた（　　）が、
水《みず》や（　　）の
つぶに　なった　もの。

❹ くもの　中《なか》の　こおりの　つぶが、とけずに　おちて　きた　ものは、なんですか。

（　　）

23 しぜん

うみの 水《みず》は なぜ しおからいの？

大《おお》むかし、ちきゅうが 生《う》まれたばかりの ころ。うみの 水《みず》は、いまのように しおからく ありませんでした。それなのに、どうして いまは、うみの 水《みず》は しおからいのでしょう。

じつは、うみの 水《みず》には、しおが とけて いるのです。そして その しおは、もともと りく上《じょう》の いわの 中《なか》に あった ものです。雨《あめ》が ふると、雨水《あまみず》は 川《かわ》と なって、うみに ながれこみます。そのとき、いわの 中《なか》の しおが 川《かわ》の 水《みず》に とけて、うみまで どんどん はこばれて いったのです。このように して、りくちの しおは、いまでも うみの 水《みず》に とけこみつづけています。

読《よ》んだ日《ひ》　月《がつ》　日《にち》

❶ ちきゅうが 生《う》まれたばかりの ころ、うみの 水《みず》は どのようでしたか。一《ひと》つに ○を つけましょう。

ア しおからかった。

イ しおからくなかった。

ウ あまかった。

❷ いまは、うみの 水《みず》は どのようですか。五字《ごじ》で かきましょう。

わたしたちの　生活《せいかつ》に　ひつような　しおも、
海水《かいすい》から　とり出《だ》す　ことが　できますよ。

⇧うみの　水《みず》から　しおを　つくる　ところ　（石川県《いしかわけん》）
ここでは、400年《ねん》まえの　しおの　つくりかたが、
いまに　うけつがれて　います。

❸ いまの　うみの　水《みず》には、
なにが　とけて　いますか。
（　）に　あう　ことばを
かきましょう。

・りく上《じょう》の　いわの　中《なか》に
あった　（　　　）。

❹ 正《ただ》しい　文《ぶん》は　どれですか。
一《ひと》つに　○を　つけましょう。

ア　うみに　ふった　雨《あめ》は、
川《かわ》に　はこばれる。

イ　いまは、うみの　しおは
どんどん　へって　いる。

ウ　しおは　うみの　水《みず》から
とり出《だ》せる。

24 しぜん

かみなりは どうして おこるの？

くもは、小《ちい》さな 水《みず》や こおりの つぶで できて います。なつの 空《そら》に よく 見《み》られる、山《やま》のような かたちを した 「にゅうどうぐも」。かみなりを おこすのは、この くもです。にゅうどうぐもの 中《なか》では、こおりの つぶが はげしく ぶつかりあって います。すると、「せい電気《でんき》」が 生《う》まれます。にゅうどうぐもは 大《おお》きく なりながら、電気《でんき》を どんどん ためて いくのです。

やがて、くもの 中《なか》には 電気《でんき》が ためきれなく なります。すると、くもから じめんに いちどに 電気《でんき》が ながれます。これが かみなりです。そして このときに 出《で》る まぶしい ひ

読《よ》んだ日《ひ》　月《がつ》　日《にち》

❶ くもは、なにで できて いますか。（　）に あう ことばを かきましょう。

・水《みず》や（　　　）の
小《ちい》さな（　　　）。

❷ かみなりを おこすのは、なんですか。（　）に あう ことばを かきましょう。

・山《やま》のような かたちの
（　　　）ぐも。

かりが「いなずま」です。
空気中《くうきちゅう》では　電気《でんき》は　まっすぐに　すすむ　ことが　できません。いなずまが　ジグザグに　見《み》えるのは、そのためです。

❸ にゅうどうぐもの　中《なか》で　こおりの　つぶが　ぶつかると、なにが　生《う》まれますか。四字《よじ》で　かきましょう。

❹ いなずまが　ジグザグに　見《み》えるのは　なぜですか。（　）に　あう　ことばを　かきましょう。

・（　　）では、電気《でんき》は、（　　）に　すすめないから。

25

しぜん

たいようは　どうして　あかるいの？

わたしたちが　生《い》きて　いられるのは、　あかるく　かがやく　たいようの　おかげです。

たいようは　とても　とおくに　あるので　小《ちい》さく　見《み》えますが、　わたしたちの　いる　ちきゅうより、　ずっと　大《おお》きいのです。　たいようは　ガスで　できて　いて、　その　ガスが　とくべつな　もえかたで　もえつづけて　います。　だから　あかるく　見《み》えるのです。

たいようの　ひかりは、　あかるいだけでは　ありません。　日《ひ》かげより　日《ひ》なたの　ほうが　あたたかい　ことから　わかるように、　たいようの　ひかりには　あたたかさも　あります。　ろうそくの　火《ひ》の　おんどは　千《せん》どくらいですが、　たいよ

読《よ》んだ日《ひ》　　月《がつ》　　日《にち》

❶ たいようが　小《ちい》さく　見《み》えるのは　なぜですか。（　）に　あう　ことばを　かきましょう。

・とても（　　　）に　あるから。

❷ たいようと　ちきゅうは、　どちらの　ほうが　大《おお》きいのですか。

（　　　）

うの　ひょうめんは　六千《ろくせん》どくらい　あります。
そして　たいようの　まん中《なか》は、それより　もっ
と　ずっと　あついのです。

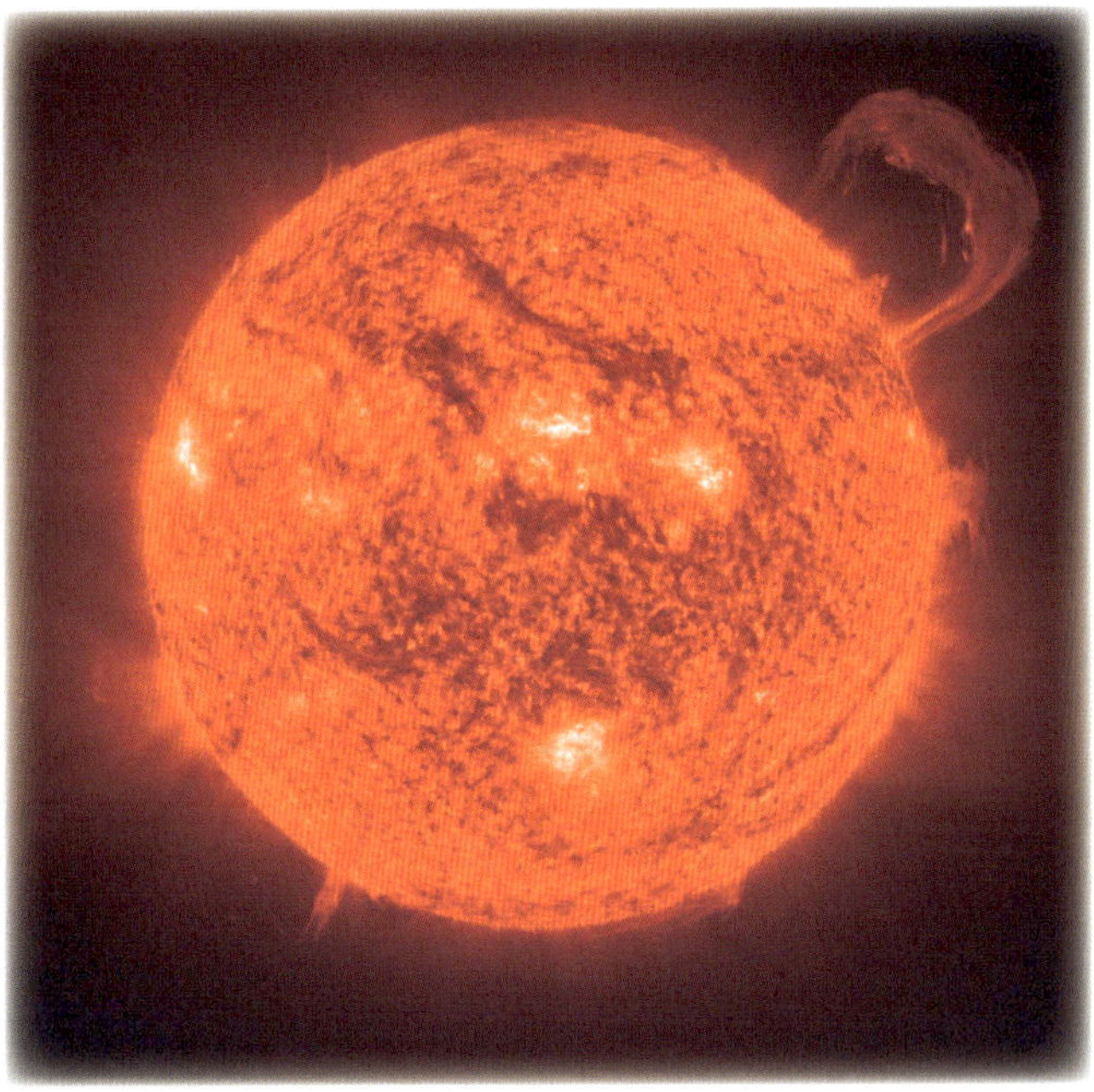

⇧あかるく　かがやく　たいよう。

❸ たいようは、なにで　でき
て　いますか。

（　　　）

❹ 正《ただ》しい　文《ぶん》は　どれですか。
一《ひと》つに　○を　つけましょう。

ア　たいようの　もえかたと、
ろうそくの　もえかたは、
ちがう。

イ　たいようの　ひかりは、
あかるいけれど、あたたか
くは　ない。

ウ　たいようの　ひょうめん
は、たいようの　まん中《なか》よ
り　あつい。

答えとアドバイス

おうちの方へ
◎解き終わったら、できるだけ早めに答え合わせをしてあげましょう。
◎まちがった問題は、もう一度やり直させてください。

1 ネコの 目は なぜ かたちが かわるの？

2〜3ページ

❶ ひかり
❷ ア
❸ くらい
❹ イ

【アドバイス】
❹ 人間の瞳《ひとみ》（瞳孔《どうこう》）は、大きさは変化しても、形は変わりません。ネコの瞳は、大きさも形も変わります。

2 アリの すは なぜ 土の 中に あるの？

4〜5ページ

❶ アリは
❷ てき
❸ ア
❹ ウ

【アドバイス】
❶ アリは一匹でなく大勢で暮らしているので、大きな巣が必要である、という文章の流れになっています。

3 イヌは どうして はなが いいの？

6〜7ページ

❶ イヌ
❷ しめった・つぶ
❸ しめって
❹ くんれん・はな

【アドバイス】
❹ 警察犬や救助犬のほか、麻薬捜査や、土の中の珍味を掘り当てる作業などにも、イヌの嗅覚《きゅうかく》は使われます。

4 ゾウの はなは どうして ながいの？

8〜9ページ

❶ きんにく
❷ ア
❸ 出っぱって
❹ はな・口

【アドバイス】

ゾウは、水を飲むとき、鼻をストローのように使うのではありません。鼻で吸い上げた水を、口に運んで飲みます。

5 ダンゴムシは どうして まるく なるの？

10〜11ページ

❶ 下・しめった
❷ ふし
❸ こうら
❹ しげき

【アドバイス】
❹ ダンゴムシが受ける刺激の例として、強い光を浴びることが挙げられています。

6 ペンギンは どうして とべないの？

12〜13ページ

❶ とり
❷ イ
❸ なんきょく
❹ たべもの・さかな
❺ つばさ

【アドバイス】
ペンギンのほか、ダチョウやキウイなども、飛ぶことのできない鳥類《ちょうるい》です。

7 ラッコは どう やって ねむるの？

14〜15ページ

❶ ア
❷ 子ども・そだてる
❸ あおむけ
❹ ウ

【アドバイス】
❹ 流されないようにするためのほか、「あたたかい」、「あんぜん」と、三つの理由が挙げられています。

8 ラクダには どうして コブが あるの？

16〜17ページ

❶ ウ
❷ しぼう
❸ エネルギー
❹ さばく・たべもの

【アドバイス】
❷ 中に蓄えた脂肪を使い果たすと、ラクダのコブは張りを失って倒れてしまいます。

9 チューリップの きゅうこんの 中は どう なって いるの？

18〜19ページ

❶ タマネギ
❷ イ
❸ あき
❹ はる
❺ ふゆのさむさ

【アドバイス】
❷ 「…みどりいろの　はが　つつの　ように　おさまって…」とあります。

10 花は どうして さくの？

20〜21ページ

❶ かたち・大きさ（順不同）
❷ たね
❸ ア
❹ 花・みつ・とり

【アドバイス】
❹ ほかにも、花粉を風に運んでもらったり、自分で種子をはじき飛ばしたりする植物があります。

11 あせは どうして 出るの？

22〜23ページ

❶ ア
❷ からだ
❸ たいおん
❹ からだ・しお

【アドバイス】
❸ 汗の水分が体温を下げるわけではなく、汗が蒸発（気化）するときに、体の熱が奪われ、体温が下がります。

12 なみだは なぜ 出るの？

24～25ページ

❶ もの・見る
❷ ウ
❸ なみだ
❹ こうふん

【アドバイス】

涙には、目に必要な酸素や栄養を与えるという役割もあります。

13 音は どうして きこえるの？

26～27ページ

❶ 音
❷ 空気
❸ 糸
❹ ウ

【アドバイス】
❶ 空気中と水中では、水中のほうが音は四～五倍ほど速く伝わります。

14 うめぼしを 見ると なぜ つばが 出るの？

28～29ページ

❶ レモン
❷ すっぱい・つば
❸ イ
❹ からだ・はんのう

【アドバイス】
❸ 好き嫌いには関係なく、梅干しの酸っぱさを記憶していることで、反射的につばがわいてきます。

15 日やけすると どうして はだの いろが かわるの？

30～31ページ

❶ かしこうせん
❷ しがいせん
❸ メラニン
❹ ア

【アドバイス】

本文中にあるイラストは、皮膚の表面から、0・2ミリメートルくらいの深さまでの「表皮《ひょうひ》」の部分です。

16 赤ちゃんは おなかの 中で なにを して いるの？

32～33ページ

❶ たまご
❷ イ
❸ へそのお・ういて
❹ イ

【アドバイス】

胎児は、ずっと眠っているわけではなく、規則正しいリズムで、眠ったり起きたりしています。

17 かがみに ものが うつるのは どうして？

34～35ページ

❶ ざらざら
❷ あちこち
❸ まく・ガラス
❹ イ

【アドバイス】

鏡に映った像は、左右が逆になっていることを教えてあげてください。

18 サイダーや コーラの あわは なに？

36〜37ページ

❶ あわ・のみもの
❷ にさんかたんそ
❸ イ
❹ しげき

【アドバイス】
❶ 「炭酸飲料」は二酸化炭素がとけている発泡性の清涼飲料水です。

19 なっとうは なにで できて いるの？

38〜39ページ

❶ なっとう
❷ わら・にた
❸ ウ
❹ えいよう

【アドバイス】
大豆を発酵させた食品には、納豆のほかに、しょうゆとみそがあります。

20 ヨーグルトは どう やって できるの？

40〜41ページ

❶ ぎゅうにゅう
❷ とても小さな生きもの
❸ ぎゅうにゅう
❹ にゅうさん
❺ チーズ

【アドバイス】
❺ ヨーグルト、チーズのほか、発酵バターも、牛乳の発酵食品です。

21 水たまりは なぜ なくなるの？

42〜43ページ

❶ ア
❷ 水じょう気
❸ ウ
❹ じめん

【アドバイス】
❸ 「それに つれて」とあるので、水たまりの水が蒸発していく直接の原因を答えます。

22 雨は どこから ふるの？

44〜45ページ

❶ たいようのねつ
❷ おんど
❸ 水じょう気・こおり
❹ ゆき

【アドバイス】
❶ 字数の指定があるので、「たいよう」や「ねつ」ではなく、「たいようのねつ」と答えます。

23 うみの 水は なぜ しおからいの？

46〜47ページ

❶ イ
❷ しおからい
❸ しお
❹ ウ

【アドバイス】
❹ 川の水が海に流れ込むので、**ア**は違います。また、**イ**に当たる内容は本文中にありません。

24 かみなりは どうして おこるの？

48〜49ページ

❶ こおり・つぶ
❷ にゅうどう
❸ せい電気
❹ 空気中・まっすぐ

【アドバイス】
❷ 「入道雲」は、「積乱雲」の通称です。夏の風物詩の一つです。

25 たいようは どうして あかるいの？

50〜51ページ

❶ とおく
❷ たいよう
❸ ガス
❹ ア

【アドバイス】
❹ 水素やヘリウムなどの気体（ガス）でできている太陽は、核融合反応によってエネルギーを放出しています。

◆デザイン　川畑あずさ
◆表紙イラスト　田島直人
◆本文イラスト　かとーゆーこ
◆編集協力　田中裕子，市村均，大野彰
◆DTP　株式会社四国写研

この本は，下記のように環境に配慮して製作しました。
※製版フィルムを使わない，CTP 方式で印刷しました。
※環境に配慮した紙を使用しています。

おはなしドリル　かがくのおはなし　小学１年
2014 年 6 月　初版発行
2023 年 7 月 17 日　第 17 刷

編者　学研教育出版
発行人　土屋徹
編集人　代田雪絵
編集担当　中村円香
発行所　株式会社Gakken
〒141-8416
東京都品川区西五反田 2-11-8
印刷所　株式会社広済堂ネクスト

◎この本に関する各種お問い合わせ先
＊本の内容については，下記サイトのお問い合わせフォームよりお願いします。
https://www.corp-gakken.co.jp/contact/
＊在庫については
Tel 03-6431-1199（販売部）
＊不良品（落丁，乱丁）については
Tel 0570-000577
学研業務センター　〒354-0045 埼玉県入間郡三芳町上富 279-1
＊上記以外のお問い合わせは
Tel 0570-056-710（学研グループ総合案内）

⑰